中华人民共和国消费者权益保护法
中华人民共和国消费者权益保护法实施条例
最高人民法院关于审理预付式消费民事纠纷案件适用法律若干问题的解释
最高人民法院关于审理网络消费纠纷案件适用法律若干问题的规定（一）

大字本

中国法治出版社

# 目　　录

中华人民共和国消费者权益保护法 …………（1）

中华人民共和国消费者权益保护法实施

　　条例……………………………………（27）

最高人民法院关于审理预付式消费民事

　　纠纷案件适用法律若干问题的解释…………（48）

最高人民法院关于审理网络消费纠纷案

　　件适用法律若干问题的规定（一）………（62）

**附　录**

**典型案例**

1. 黄某诉重庆某公司教育培训合同纠纷案 …（70）

　　——培训机构单方改变培训地点给消费者

　　　　造成明显不便的，消费者有权解除合同

2. 白某诉李某服务合同纠纷案 …………… (72)
　　——计时型预付式消费合同因经营者停业解除的，应按实际未履行期限认定退款金额

3. 张某诉某健身公司服务合同纠纷案 ……… (74)
　　——经营者违约导致预付式消费合同解除的，应按合同约定的优惠方案计算已提供服务的价款

4. 杨某诉某健康管理公司服务合同纠纷案 … (76)
　　——经营者不提供证据证明其提供服务的数量和价款的，人民法院可根据消费者主张结合案情作出认定

5. 王某诉薛某清算责任纠纷案 …………… (78)
　　——"职业闭店人"以虚假材料注销公司的，应依法向消费者承担民事责任

6. 郑某顺等诈骗案 ………………………… (80)
　　——"职业闭店人"以欺诈为目的诱使消费者充值构成犯罪的，应依法追究刑事责任

# 中华人民共和国消费者权益保护法

（1993年10月31日第八届全国人民代表大会常务委员会第四次会议通过　根据2009年8月27日第十一届全国人民代表大会常务委员会第十次会议《关于修改部分法律的决定》第一次修正　根据2013年10月25日第十二届全国人民代表大会常务委员会第五次会议《关于修改〈中华人民共和国消费者权益保护法〉的决定》第二次修正）

目　录

第一章　总　　则
第二章　消费者的权利

第三章　经营者的义务

第四章　国家对消费者合法权益的保护

第五章　消费者组织

第六章　争议的解决

第七章　法律责任

第八章　附　　则

# 第一章　总　　则

**第一条**　为保护消费者的合法权益，维护社会经济秩序，促进社会主义市场经济健康发展，制定本法。

**第二条**　消费者为生活消费需要购买、使用商品或者接受服务，其权益受本法保护；本法未作规定的，受其他有关法律、法规保护。

**第三条**　经营者为消费者提供其生产、销售的商品或者提供服务，应当遵守本法；本法未作规定的，应当遵守其他有关法律、法规。

**第四条** 经营者与消费者进行交易，应当遵循自愿、平等、公平、诚实信用的原则。

**第五条** 国家保护消费者的合法权益不受侵害。

国家采取措施，保障消费者依法行使权利，维护消费者的合法权益。

国家倡导文明、健康、节约资源和保护环境的消费方式，反对浪费。

**第六条** 保护消费者的合法权益是全社会的共同责任。

国家鼓励、支持一切组织和个人对损害消费者合法权益的行为进行社会监督。

大众传播媒介应当做好维护消费者合法权益的宣传，对损害消费者合法权益的行为进行舆论监督。

## 第二章 消费者的权利

**第七条** 消费者在购买、使用商品和接受服务时享有人身、财产安全不受损害的权利。

消费者有权要求经营者提供的商品和服务，符合保障人身、财产安全的要求。

第八条　消费者享有知悉其购买、使用的商品或者接受的服务的真实情况的权利。

消费者有权根据商品或者服务的不同情况，要求经营者提供商品的价格、产地、生产者、用途、性能、规格、等级、主要成份、生产日期、有效期限、检验合格证明、使用方法说明书、售后服务，或者服务的内容、规格、费用等有关情况。

第九条　消费者享有自主选择商品或者服务的权利。

消费者有权自主选择提供商品或者服务的经营者，自主选择商品品种或者服务方式，自主决定购买或者不购买任何一种商品、接受或者不接受任何一项服务。

消费者在自主选择商品或者服务时，有权进行比较、鉴别和挑选。

第十条　消费者享有公平交易的权利。

消费者在购买商品或者接受服务时，有权获得质量保障、价格合理、计量正确等公平交易条件，有权拒绝经营者的强制交易行为。

第十一条　消费者因购买、使用商品或者接受服务受到人身、财产损害的，享有依法获得赔偿的权利。

第十二条　消费者享有依法成立维护自身合法权益的社会组织的权利。

第十三条　消费者享有获得有关消费和消费者权益保护方面的知识的权利。

消费者应当努力掌握所需商品或者服务的知识和使用技能，正确使用商品，提高自我保护意识。

第十四条　消费者在购买、使用商品和接受服务时，享有人格尊严、民族风俗习惯得到尊重的权利，享有个人信息依法得到保护的权利。

第十五条　消费者享有对商品和服务以及保护消费者权益工作进行监督的权利。

消费者有权检举、控告侵害消费者权益的行为和国家机关及其工作人员在保护消费者权益工作中的违法失职行为,有权对保护消费者权益工作提出批评、建议。

## 第三章 经营者的义务

**第十六条** 经营者向消费者提供商品或者服务,应当依照本法和其他有关法律、法规的规定履行义务。

经营者和消费者有约定的,应当按照约定履行义务,但双方的约定不得违背法律、法规的规定。

经营者向消费者提供商品或者服务,应当恪守社会公德,诚信经营,保障消费者的合法权益;不得设定不公平、不合理的交易条件,不得强制交易。

**第十七条** 经营者应当听取消费者对其提供的商品或者服务的意见,接受消费者的监督。

**第十八条** 经营者应当保证其提供的商品或者服务符合保障人身、财产安全的要求。对可能危及人身、财产安全的商品和服务，应当向消费者作出真实的说明和明确的警示，并说明和标明正确使用商品或者接受服务的方法以及防止危害发生的方法。

宾馆、商场、餐馆、银行、机场、车站、港口、影剧院等经营场所的经营者，应当对消费者尽到安全保障义务。

**第十九条** 经营者发现其提供的商品或者服务存在缺陷，有危及人身、财产安全危险的，应当立即向有关行政部门报告和告知消费者，并采取停止销售、警示、召回、无害化处理、销毁、停止生产或者服务等措施。采取召回措施的，经营者应当承担消费者因商品被召回支出的必要费用。

**第二十条** 经营者向消费者提供有关商品或者服务的质量、性能、用途、有效期限等信息，应当真实、全面，不得作虚假或者引人误解的宣传。

经营者对消费者就其提供的商品或者服务的质量和使用方法等问题提出的询问，应当作出真实、明确的答复。

经营者提供商品或者服务应当明码标价。

**第二十一条** 经营者应当标明其真实名称和标记。

租赁他人柜台或者场地的经营者,应当标明其真实名称和标记。

**第二十二条** 经营者提供商品或者服务,应当按照国家有关规定或者商业惯例向消费者出具发票等购货凭证或者服务单据;消费者索要发票等购货凭证或者服务单据的,经营者必须出具。

**第二十三条** 经营者应当保证在正常使用商品或者接受服务的情况下其提供的商品或者服务应当具有的质量、性能、用途和有效期限;但消费者在购买该商品或者接受该服务前已经知道其存在瑕疵,且存在该瑕疵不违反法律强制性规定的除外。

经营者以广告、产品说明、实物样品或者其他方式表明商品或者服务的质量状况的,应当保证其提供的商品或者服务的实际质量与表明的质量状况相符。

经营者提供的机动车、计算机、电视机、电冰箱、空调器、洗衣机等耐用商品或者装饰装修等服务，消费者自接受商品或者服务之日起六个月内发现瑕疵，发生争议的，由经营者承担有关瑕疵的举证责任。

第二十四条 经营者提供的商品或者服务不符合质量要求的，消费者可以依照国家规定、当事人约定退货，或者要求经营者履行更换、修理等义务。没有国家规定和当事人约定的，消费者可以自收到商品之日起七日内退货；七日后符合法定解除合同条件的，消费者可以及时退货，不符合法定解除合同条件的，可以要求经营者履行更换、修理等义务。

依照前款规定进行退货、更换、修理的，经营者应当承担运输等必要费用。

第二十五条 经营者采用网络、电视、电话、邮购等方式销售商品，消费者有权自收到商品之日起七日内退货，且无需说明理由，但下列商品除外：

（一）消费者定作的；

（二）鲜活易腐的；

(三)在线下载或者消费者拆封的音像制品、计算机软件等数字化商品；

(四)交付的报纸、期刊。

除前款所列商品外，其他根据商品性质并经消费者在购买时确认不宜退货的商品，不适用无理由退货。

消费者退货的商品应当完好。经营者应当自收到退回商品之日起七日内返还消费者支付的商品价款。退回商品的运费由消费者承担；经营者和消费者另有约定的，按照约定。

**第二十六条** 经营者在经营活动中使用格式条款的，应当以显著方式提请消费者注意商品或者服务的数量和质量、价款或者费用、履行期限和方式、安全注意事项和风险警示、售后服务、民事责任等与消费者有重大利害关系的内容，并按照消费者的要求予以说明。

经营者不得以格式条款、通知、声明、店堂告示等方式，作出排除或者限制消费者权利、减轻或者免除经营者责任、加重消费者责任等对消费者不公平、不合理的规定，不得利用格式条款并借助技术手段强制交易。

格式条款、通知、声明、店堂告示等含有前款所列内容的，其内容无效。

第二十七条　经营者不得对消费者进行侮辱、诽谤，不得搜查消费者的身体及其携带的物品，不得侵犯消费者的人身自由。

第二十八条　采用网络、电视、电话、邮购等方式提供商品或者服务的经营者，以及提供证券、保险、银行等金融服务的经营者，应当向消费者提供经营地址、联系方式、商品或者服务的数量和质量、价款或者费用、履行期限和方式、安全注意事项和风险警示、售后服务、民事责任等信息。

第二十九条　经营者收集、使用消费者个人信息，应当遵循合法、正当、必要的原则，明示收集、使用信息的目的、方式和范围，并经消费者同意。经营者收集、使用消费者个人信息，应当公开其收集、使用规则，不得违反法律、法规的规定和双方的约定收集、使用信息。

经营者及其工作人员对收集的消费者个人信息必须严格保密，不得泄露、出售或者非法向他人提供。经营者应当采取技术措施和其他必要措施，确保信息安全，防止消费者个人信息泄露、丢失。在发生或者可能发生信息泄露、丢失的情况时，应当立即采取补救措施。

经营者未经消费者同意或者请求，或者消费者明确表示拒绝的，不得向其发送商业性信息。

## 第四章　国家对消费者合法权益的保护

第三十条　国家制定有关消费者权益的法律、法规、规章和强制性标准，应当听取消费者和消费者协会等组织的意见。

第三十一条　各级人民政府应当加强领导，组织、协调、督促有关行政部门做好保护消费者合法权益的工作，落实保护消费者合法权益的职责。

各级人民政府应当加强监督，预防危害消费者人身、财产安全行为的发生，及时制止危害消费者人身、财产安全的行为。

**第三十二条** 各级人民政府工商行政管理部门和其他有关行政部门应当依照法律、法规的规定，在各自的职责范围内，采取措施，保护消费者的合法权益。

有关行政部门应当听取消费者和消费者协会等组织对经营者交易行为、商品和服务质量问题的意见，及时调查处理。

**第三十三条** 有关行政部门在各自的职责范围内，应当定期或者不定期对经营者提供的商品和服务进行抽查检验，并及时向社会公布抽查检验结果。

有关行政部门发现并认定经营者提供的商品或者服务存在缺陷，有危及人身、财产安全危险的，应当立即责令经营者采取停止销售、警示、召回、无害化处理、销毁、停止生产或者服务等措施。

第三十四条　有关国家机关应当依照法律、法规的规定，惩处经营者在提供商品和服务中侵害消费者合法权益的违法犯罪行为。

第三十五条　人民法院应当采取措施，方便消费者提起诉讼。对符合《中华人民共和国民事诉讼法》起诉条件的消费者权益争议，必须受理，及时审理。

## 第五章　消费者组织

第三十六条　消费者协会和其他消费者组织是依法成立的对商品和服务进行社会监督的保护消费者合法权益的社会组织。

第三十七条　消费者协会履行下列公益性职责：

（一）向消费者提供消费信息和咨询服务，提高消费者维护自身合法权益的能力，引导文明、健康、节约资源和保护环境的消费方式；

（二）参与制定有关消费者权益的法律、法规、规章和强制性标准；

（三）参与有关行政部门对商品和服务的监督、检查；

（四）就有关消费者合法权益的问题，向有关部门反映、查询，提出建议；

（五）受理消费者的投诉，并对投诉事项进行调查、调解；

（六）投诉事项涉及商品和服务质量问题的，可以委托具备资格的鉴定人鉴定，鉴定人应当告知鉴定意见；

（七）就损害消费者合法权益的行为，支持受损害的消费者提起诉讼或者依照本法提起诉讼；

（八）对损害消费者合法权益的行为，通过大众传播媒介予以揭露、批评。

各级人民政府对消费者协会履行职责应当予以必要的经费等支持。

消费者协会应当认真履行保护消费者合法权益的职责，听取消费者的意见和建议，接受社会监督。

依法成立的其他消费者组织依照法律、法规及其章程的规定,开展保护消费者合法权益的活动。

第三十八条 消费者组织不得从事商品经营和营利性服务,不得以收取费用或者其他牟取利益的方式向消费者推荐商品和服务。

## 第六章 争议的解决

第三十九条 消费者和经营者发生消费者权益争议的,可以通过下列途径解决:

(一)与经营者协商和解;

(二)请求消费者协会或者依法成立的其他调解组织调解;

(三)向有关行政部门投诉;

(四)根据与经营者达成的仲裁协议提请仲裁机构仲裁;

(五)向人民法院提起诉讼。

第四十条 消费者在购买、使用商品时,其合法权益受到损害的,可以向销售者要求赔偿。销售者赔偿后，属于生产者的责任或者属于向销售者提供商品的其他销售者的责任的，销售者有权向生产者或者其他销售者追偿。

消费者或者其他受害人因商品缺陷造成人身、财产损害的，可以向销售者要求赔偿，也可以向生产者要求赔偿。属于生产者责任的，销售者赔偿后，有权向生产者追偿。属于销售者责任的，生产者赔偿后，有权向销售者追偿。

消费者在接受服务时，其合法权益受到损害的，可以向服务者要求赔偿。

**第四十一条** 消费者在购买、使用商品或者接受服务时，其合法权益受到损害，因原企业分立、合并的，可以向变更后承受其权利义务的企业要求赔偿。

**第四十二条** 使用他人营业执照的违法经营者提供商品或者服务，损害消费者合法权益的，消费者可以向其要求赔偿，也可以向营业执照的持有人要求赔偿。

**第四十三条** 消费者在展销会、租赁柜台购买商品或者接受服务，其合法权益受到损害的，可以向销售者或者服务者要求赔偿。展销会结束或者柜台租赁期满后，也可以向展销会的举办者、柜台的出租者要求赔偿。展销会的举办者、柜台的出租者赔偿后，有权向销售者或者服务者追偿。

**第四十四条** 消费者通过网络交易平台购买商品或者接受服务，其合法权益受到损害的，可以向销售者或者服务者要求赔偿。网络交易平台提供者不能提供销售者或者服务者的真实名称、地址和有效联系方式的，消费者也可以向网络交易平台提供者要求赔偿；网络交易平台提供者作出更有利于消费者的承诺的，应当履行承诺。网络交易平台提供者赔偿后，有权向销售者或者服务者追偿。

网络交易平台提供者明知或者应知销售者或者服务者利用其平台侵害消费者合法权益，未采取必要措施的，依法与该销售者或者服务者承担连带责任。

第四十五条　消费者因经营者利用虚假广告或者其他虚假宣传方式提供商品或者服务,其合法权益受到损害的,可以向经营者要求赔偿。广告经营者、发布者发布虚假广告的,消费者可以请求行政主管部门予以惩处。广告经营者、发布者不能提供经营者的真实名称、地址和有效联系方式的,应当承担赔偿责任。

广告经营者、发布者设计、制作、发布关系消费者生命健康商品或者服务的虚假广告,造成消费者损害的,应当与提供该商品或者服务的经营者承担连带责任。

社会团体或者其他组织、个人在关系消费者生命健康商品或者服务的虚假广告或者其他虚假宣传中向消费者推荐商品或者服务,造成消费者损害的,应当与提供该商品或者服务的经营者承担连带责任。

第四十六条　消费者向有关行政部门投诉的,该部门应当自收到投诉之日起七个工作日内,予以处理并告知消费者。

**第四十七条** 对侵害众多消费者合法权益的行为，中国消费者协会以及在省、自治区、直辖市设立的消费者协会，可以向人民法院提起诉讼。

## 第七章 法律责任

**第四十八条** 经营者提供商品或者服务有下列情形之一的，除本法另有规定外，应当依照其他有关法律、法规的规定，承担民事责任：

（一）商品或者服务存在缺陷的；

（二）不具备商品应当具备的使用性能而出售时未作说明的；

（三）不符合在商品或者其包装上注明采用的商品标准的；

（四）不符合商品说明、实物样品等方式表明的质量状况的；

（五）生产国家明令淘汰的商品或者销售失效、变质的商品的；

（六）销售的商品数量不足的；

（七）服务的内容和费用违反约定的；

（八）对消费者提出的修理、重作、更换、退货、补足商品数量、退还货款和服务费用或者赔偿损失的要求，故意拖延或者无理拒绝的；

（九）法律、法规规定的其他损害消费者权益的情形。

经营者对消费者未尽到安全保障义务，造成消费者损害的，应当承担侵权责任。

**第四十九条** 经营者提供商品或者服务，造成消费者或者其他受害人人身伤害的，应当赔偿医疗费、护理费、交通费等为治疗和康复支出的合理费用，以及因误工减少的收入。造成残疾的，还应当赔偿残疾生活辅助具费和残疾赔偿金。造成死亡的，还应当赔偿丧葬费和死亡赔偿金。

**第五十条** 经营者侵害消费者的人格尊严、侵犯消费者人身自由或者侵害消费者个人信息依法得到保护的权利的，应当停止侵害、恢复名誉、消除影响、赔礼道歉，并赔偿损失。

第五十一条 经营者有侮辱诽谤、搜查身体、侵犯人身自由等侵害消费者或者其他受害人人身权益的行为，造成严重精神损害的，受害人可以要求精神损害赔偿。

第五十二条 经营者提供商品或者服务，造成消费者财产损害的，应当依照法律规定或者当事人约定承担修理、重作、更换、退货、补足商品数量、退还货款和服务费用或者赔偿损失等民事责任。

第五十三条 经营者以预收款方式提供商品或者服务的，应当按照约定提供。未按照约定提供的，应当按照消费者的要求履行约定或者退回预付款；并应当承担预付款的利息、消费者必须支付的合理费用。

第五十四条 依法经有关行政部门认定为不合格的商品，消费者要求退货的，经营者应当负责退货。

第五十五条 经营者提供商品或者服务有欺诈

行为的,应当按照消费者的要求增加赔偿其受到的损失,增加赔偿的金额为消费者购买商品的价款或者接受服务的费用的三倍;增加赔偿的金额不足五百元的,为五百元。法律另有规定的,依照其规定。

经营者明知商品或者服务存在缺陷,仍然向消费者提供,造成消费者或者其他受害人死亡或者健康严重损害的,受害人有权要求经营者依照本法第四十九条、第五十一条等法律规定赔偿损失,并有权要求所受损失二倍以下的惩罚性赔偿。

**第五十六条** 经营者有下列情形之一,除承担相应的民事责任外,其他有关法律、法规对处罚机关和处罚方式有规定的,依照法律、法规的规定执行;法律、法规未作规定的,由工商行政管理部门或者其他有关行政部门责令改正,可以根据情节单处或者并处警告、没收违法所得、处以违法所得一倍以上十倍以下的罚款,没有违法所得的,处以五十万元以下的罚款;情节严重的,责令停业整顿、吊销营业执照:

（一）提供的商品或者服务不符合保障人身、财产安全要求的；

（二）在商品中掺杂、掺假，以假充真，以次充好，或者以不合格商品冒充合格商品的；

（三）生产国家明令淘汰的商品或者销售失效、变质的商品的；

（四）伪造商品的产地，伪造或者冒用他人的厂名、厂址，篡改生产日期，伪造或者冒用认证标志等质量标志的；

（五）销售的商品应当检验、检疫而未检验、检疫或者伪造检验、检疫结果的；

（六）对商品或者服务作虚假或者引人误解的宣传的；

（七）拒绝或者拖延有关行政部门责令对缺陷商品或者服务采取停止销售、警示、召回、无害化处理、销毁、停止生产或者服务等措施的；

（八）对消费者提出的修理、重作、更换、退货、补足商品数量、退还货款和服务费用或者赔偿损失的要求，故意拖延或者无理拒绝的；

（九）侵害消费者人格尊严、侵犯消费者人身自由或者侵害消费者个人信息依法得到保护的权利的；

（十）法律、法规规定的对损害消费者权益应当予以处罚的其他情形。

经营者有前款规定情形的，除依照法律、法规规定予以处罚外，处罚机关应当记入信用档案，向社会公布。

**第五十七条**　经营者违反本法规定提供商品或者服务，侵害消费者合法权益，构成犯罪的，依法追究刑事责任。

**第五十八条**　经营者违反本法规定，应当承担民事赔偿责任和缴纳罚款、罚金，其财产不足以同时支付的，先承担民事赔偿责任。

**第五十九条**　经营者对行政处罚决定不服的，可以依法申请行政复议或者提起行政诉讼。

**第六十条**　以暴力、威胁等方法阻碍有关行政部门工作人员依法执行职务的，依法追究刑事责任；

拒绝、阻碍有关行政部门工作人员依法执行职务，未使用暴力、威胁方法的，由公安机关依照《中华人民共和国治安管理处罚法》的规定处罚。

第六十一条 国家机关工作人员玩忽职守或者包庇经营者侵害消费者合法权益的行为的，由其所在单位或者上级机关给予行政处分；情节严重，构成犯罪的，依法追究刑事责任。

## 第八章　附　　则

第六十二条 农民购买、使用直接用于农业生产的生产资料，参照本法执行。

第六十三条 本法自1994年1月1日起施行。

# 中华人民共和国
# 消费者权益保护法实施条例

（2024年2月23日国务院第26次常务会议通过 2024年3月15日中华人民共和国国务院令第778号公布 自2024年7月1日起施行）

## 第一章 总 则

**第一条** 根据《中华人民共和国消费者权益保护法》（以下简称消费者权益保护法）等法律，制定本条例。

**第二条** 消费者权益保护工作坚持中国共产党的领导，坚持以人民为中心，遵循合法、公平、高效的原则。

**第三条** 国家加大消费者合法权益保护力度，建立和完善经营者守法、行业自律、消费者参与、政府监管和社会监督相结合的消费者权益保护共同治理体系。

**第四条** 国家统筹推进消费环境建设，营造安全放心的消费环境，增强消费对经济发展的基础性作用。

**第五条** 国家加强消费商品和服务的标准体系建设，鼓励经营者制定实施严于国家标准或者行业标准的企业标准，不断提升商品和服务质量。

**第六条** 国家倡导文明、健康、绿色的消费理念和消费方式，反对奢侈浪费。

## 第二章 消费者的权利和经营者的义务

**第七条** 消费者在购买商品、使用商品或者接受服务时，依法享有人身和财产安全不受损害的权利。

经营者向消费者提供商品或者服务（包括以奖励、赠送、试用等形式向消费者免费提供商品或者服务），应当保证商品或者服务符合保障人身、财产安全的要求。免费提供的商品或者服务存在瑕疵但不违反法律强制性规定且不影响正常使用性能的，经营者应当在提供商品或者服务前如实告知消费者。

经营者应当保证其经营场所及设施符合保障人身、财产安全的要求，采取必要的安全防护措施，并设置相应的警示标识。消费者在经营场所遇到危险或者受到侵害时，经营者应当给予及时、必要的救助。

第八条 消费者认为经营者提供的商品或者服务可能存在缺陷，有危及人身、财产安全危险的，可以向经营者或者有关行政部门反映情况或者提出建议。

经营者发现其提供的商品或者服务可能存在缺陷，有危及人身、财产安全危险的，应当依照消费者权益保护法第十九条的规定及时采取相关措施。

采取召回措施的,生产或者进口商品的经营者应当制定召回计划,发布召回信息,明确告知消费者享有的相关权利,保存完整的召回记录,并承担消费者因商品被召回所支出的必要费用。商品销售、租赁、修理、零部件生产供应、受委托生产等相关经营者应当依法履行召回相关协助和配合义务。

第九条 经营者应当采用通俗易懂的方式,真实、全面地向消费者提供商品或者服务相关信息,不得通过虚构经营者资质、资格或者所获荣誉,虚构商品或者服务交易信息、经营数据,篡改、编造、隐匿用户评价等方式,进行虚假或者引人误解的宣传,欺骗、误导消费者。

经营者不得在消费者不知情的情况下,对同一商品或者服务在同等交易条件下设置不同的价格或者收费标准。

第十条 经营者应当按照国家有关规定,以显著方式标明商品的品名、价格和计价单位或者服务的项目、内容、价格和计价方法等信息,做到价签价目齐全、内容真实准确、标识清晰醒目。

经营者采取自动展期、自动续费等方式提供服务的，应当在消费者接受服务前和自动展期、自动续费等日期前，以显著方式提请消费者注意。

第十一条　消费者享有自主选择商品或者服务的权利。经营者不得以暴力、胁迫、限制人身自由等方式或者利用技术手段，强制或者变相强制消费者购买商品或者接受服务，或者排除、限制消费者选择其他经营者提供的商品或者服务。经营者通过搭配、组合等方式提供商品或者服务的，应当以显著方式提请消费者注意。

第十二条　经营者以商业宣传、产品推荐、实物展示或者通知、声明、店堂告示等方式提供商品或者服务，对商品或者服务的数量、质量、价格、售后服务、责任承担等作出承诺的，应当向购买商品或者接受服务的消费者履行其所承诺的内容。

第十三条　经营者应当在其经营场所的显著位置标明其真实名称和标记。

经营者通过网络、电视、电话、邮购等方式提供商品或者服务的,应当在其首页、视频画面、语音、商品目录等处以显著方式标明或者说明其真实名称和标记。由其他经营者实际提供商品或者服务的,还应当向消费者提供该经营者的名称、经营地址、联系方式等信息。

经营者租赁他人柜台或者场地提供商品或者服务,或者通过宣讲、抽奖、集中式体验等方式提供商品或者服务的,应当以显著方式标明其真实名称和标记。柜台、场地的出租者应当建立场内经营管理制度,核验、更新、公示经营者的相关信息,供消费者查询。

**第十四条** 经营者通过网络直播等方式提供商品或者服务的,应当依法履行消费者权益保护相关义务。

直播营销平台经营者应当建立健全消费者权益保护制度,明确消费争议解决机制。发生消费争议的,直播营销平台经营者应当根据消费者的要求提供直播间运营者、直播营销人员相关信息以及相关经营活动记录等必要信息。

直播间运营者、直播营销人员发布的直播内容构成商业广告的，应当依照《中华人民共和国广告法》的有关规定履行广告发布者、广告经营者或者广告代言人的义务。

**第十五条** 经营者不得通过虚假或者引人误解的宣传，虚构或者夸大商品或者服务的治疗、保健、养生等功效，诱导老年人等消费者购买明显不符合其实际需求的商品或者服务。

**第十六条** 经营者提供网络游戏服务的，应当符合国家关于网络游戏服务相关时段、时长、功能和内容等方面的规定和标准，针对未成年人设置相应的时间管理、权限管理、消费管理等功能，在注册、登录等环节严格进行用户核验，依法保护未成年人身心健康。

**第十七条** 经营者使用格式条款的，应当遵守消费者权益保护法第二十六条的规定。经营者不得利用格式条款不合理地免除或者减轻其责任、加重消费者的责任或者限制消费者依法变更或者解除合同、选择诉讼或者仲裁解决消费争议、选择其他经营者的商品或者服务等权利。

**第十八条** 经营者与消费者约定承担退货、更换、修理等义务的有效期限不得低于国家有关规定的要求。有效期限自经营者向消费者交付商品或者提供服务完结之日起计算，需要经营者另行安装的商品，有效期限自商品安装完成之日起计算。经营者向消费者履行更换义务后，承担更换、修理等义务的有效期限自更换完成之日起重新计算。经营者修理的时间不计入上述有效期限。

经营者依照国家有关规定或者与消费者约定履行退货义务的，应当按照发票等购货凭证或者服务单据上显示的价格一次性退清相关款项。经营者能够证明消费者实际支付的价格与发票等购货凭证或者服务单据上显示的价格不一致的，按照消费者实际支付的价格退清相关款项。

第十九条 经营者通过网络、电视、电话、邮购等方式销售商品的,应当遵守消费者权益保护法第二十五条规定,不得擅自扩大不适用无理由退货的商品范围。

经营者应当以显著方式对不适用无理由退货的商品进行标注,提示消费者在购买时进行确认,不得将不适用无理由退货作为消费者默认同意的选项。未经消费者确认,经营者不得拒绝无理由退货。

消费者退货的商品应当完好。消费者基于查验需要打开商品包装,或者为确认商品的品质和功能进行合理调试而不影响商品原有品质、功能和外观的,经营者应当予以退货。

消费者无理由退货应当遵循诚实信用原则,不得利用无理由退货规则损害经营者和其他消费者的合法权益。

第二十条 经营者提供商品或者服务时收取押金的,应当事先与消费者约定退还押金的方式、程序和时限,不得对退还押金设置不合理条件。

消费者要求退还押金，符合押金退还条件的，经营者应当及时退还。

第二十一条 经营者决定停业或者迁移服务场所的，应当提前30日在其经营场所、网站、网店首页等的醒目位置公告经营者的有效联系方式等信息。

第二十二条 经营者以收取预付款方式提供商品或者服务的，应当与消费者订立书面合同，约定商品或者服务的具体内容、价款或者费用、预付款退还方式、违约责任等事项。

经营者收取预付款后，应当按照与消费者的约定提供商品或者服务，不得降低商品或者服务质量，不得任意加价。经营者未按照约定提供商品或者服务的，应当按照消费者的要求履行约定或者退还预付款。

经营者出现重大经营风险，有可能影响经营者按照合同约定或者交易习惯正常提供商品或者服务的，应当停止收取预付款。经营者决定停业或者迁移服务场所的，应当提前告知消费者，并履行本条例第二十一条规定的义务。消费者依照国家有关规定或者合同约定，有权要求经营者继续履行提供商品或者服务的义务，或者要求退还未消费的预付款余额。

第二十三条　经营者应当依法保护消费者的个人信息。经营者在提供商品或者服务时，不得过度收集消费者个人信息，不得采用一次概括授权、默认授权等方式，强制或者变相强制消费者同意收集、使用与经营活动无直接关系的个人信息。

经营者处理包含消费者的生物识别、宗教信仰、特定身份、医疗健康、金融账户、行踪轨迹等信息以及不满十四周岁未成年人的个人信息等敏感个人信息的，应当符合有关法律、行政法规的规定。

第二十四条　未经消费者同意，经营者不得向消费者发送商业性信息或者拨打商业性电话。消费者同意接收商业性信息或者商业性电话的，经营者应当提供明确、便捷的取消方式。消费者选择取消的，经营者应当立即停止发送商业性信息或者拨打商业性电话。

## 第三章　国家对消费者合法权益的保护

**第二十五条**　各级人民政府应当加强对消费者权益保护工作的指导，组织、协调、督促有关行政部门落实消费者权益保护工作职责，提升消费者权益保护工作的法治化水平。

**第二十六条**　消费者与经营者发生消费者权益争议的，可以向市场监督管理部门或者其他有关行政部门投诉。

自然人、法人或者其他组织可以向市场监督管理部门或者其他有关行政部门举报，反映经营者涉嫌违法的线索。

**第二十七条**　市场监督管理部门或者其他有关行政部门应当畅通和规范消费者投诉、举报渠道，完善投诉、举报处理流程，依法及时受理和处理投诉、举报，加强对投诉、举报信息的分析应用，开展消费预警和风险提示。

投诉、举报应当遵守法律、法规和有关规定，不得利用投诉、举报牟取不正当利益，侵害经营者的合法权益，扰乱市场经济秩序。

**第二十八条** 市场监督管理部门和其他有关行政部门应当加强消费者权益保护工作的协同配合和信息共享，依照法律、法规的规定，在各自的职责范围内，对经营者提供的商品和服务实施抽查检验等监管措施，及时查处侵害消费者合法权益的行为。

**第二十九条** 市场监督管理部门和其他有关行政部门应当加强消费领域信用体系建设，依法公示有关行政许可、行政处罚、抽查检验结果、消费投诉等信息，依法对违法失信经营者实施惩戒。

**第三十条** 有关行政部门应当加强消费知识的宣传普及，倡导文明、健康、绿色消费，提高消费者依法、理性维权的意识和能力；加强对经营者的普法宣传、行政指导和合规指引，提高经营者依法经营的意识。

**第三十一条** 国家完善绿色消费的标准、认证和信息披露体系，鼓励经营者对商品和服务作出绿色消费方面的信息披露或者承诺，依法查处虚假信息披露和承诺的行为。

第三十二条 行业协会商会等组织应当加强行业自律，引导、督促经营者守法诚信经营，制定的行业规则、自律规则、示范合同和相关标准等应当有利于保护消费者合法权益。

第三十三条 国家鼓励、支持一切组织和个人对损害消费者合法权益的行为进行社会监督。

大众传播媒介应当真实、客观、公正地报道涉及消费者权益的相关事项，加强消费者维权相关知识的宣传普及，对损害消费者合法权益的行为进行舆论监督。

## 第四章 消费者组织

第三十四条 消费者协会和其他依法成立的消费者组织应当按照消费者权益保护法的规定履行职责。

**第三十五条** 各级人民政府应当加强消费者协会组织建设,对消费者协会履行职责予以必要的经费等支持。

**第三十六条** 有关行政部门应当认真听取消费者协会的意见和建议。对于消费者协会向有关行政部门反映的侵害消费者合法权益的问题,有关行政部门应当及时调查处理并予以回复;对于立案查处的案件,有关行政部门应当将处理结果告知消费者协会。

**第三十七条** 消费者协会应当加强消费普法宣传和消费引导,向消费者提供消费维权服务与支持,提高消费者维护自身合法权益的能力。

消费者协会应当及时总结、推广保护消费者合法权益的典型案例和经验做法,引导、支持经营者依法合规开展经营活动。

**第三十八条** 消费者协会可以组织开展比较试验、消费调查、消费评议、投诉信息公示、对投诉商品提请鉴定、发布消费提示警示等,反映商品和服务状况、消费者意见和消费维权情况。

第三十九条  消费者协会可以就消费者权益保护事项向有关经营者、行业组织提出改进意见或者进行指导谈话，加强消费者、经营者、行业组织、专业机构、有关行政部门等各相关方的组织协调，推动解决涉及消费者合法权益保护的重要问题。

第四十条  消费者协会可以就消费者投诉的损害消费者合法权益的行为开展调查，与有关经营者核实情况，约请有关经营者到场陈述事实意见、提供证据资料等。

第四十一条  对侵害众多消费者合法权益的行为，中国消费者协会以及在省、自治区、直辖市设立的消费者协会，可以向人民法院提起诉讼。

## 第五章  争议的解决

第四十二条  消费者应当文明、理性消费，提高自我保护意识，依法维护自身合法权益，在发生消费争议时依法维权。

第四十三条　各级人民政府市场监督管理部门和其他有关行政部门应当推动、健全消费争议多元化解决机制，引导消费者依法通过协商、调解、投诉、仲裁、诉讼等方式维护自身合法权益。

第四十四条　经营者应当建立便捷、高效的投诉处理机制，及时解决消费争议。

鼓励和引导经营者建立健全首问负责、先行赔付、在线争议解决等制度，及时预防和解决消费争议。

第四十五条　消费者和经营者发生消费争议，请求消费者协会或者依法成立的其他调解组织进行调解的，相关组织应当及时处理。

第四十六条　消费者和经营者发生消费争议向市场监督管理部门或者其他有关行政部门投诉的，应当提供真实身份信息，有明确的被投诉人、具体的投诉请求和事实依据。

有关行政部门应当自收到投诉之日起7个工作日内，予以处理并告知消费者。对不符合规定的投诉决定不予受理的，应当告知消费者不予受理的理由和其他解决争议的途径。

有关行政部门受理投诉后，消费者和经营者同意调解的，有关行政部门应当依据职责及时调解，并在受理之日起60日内调解完毕；调解不成的应当终止调解。调解过程中需要鉴定、检测的，鉴定、检测时间不计算在60日内。

有关行政部门经消费者和经营者同意，可以依法将投诉委托消费者协会或者依法成立的其他调解组织调解。

**第四十七条** 因消费争议需要对商品或者服务质量进行鉴定、检测的，消费者和经营者可以协商确定鉴定、检测机构。无法协商一致的，受理消费者投诉的市场监督管理部门或者其他有关行政部门可以指定鉴定、检测机构。

对于重大、复杂、涉及众多消费者合法权益的消费争议，可以由市场监督管理部门或者其他有关行政部门纳入抽查检验程序，委托具备相应资质的机构进行鉴定、检测。

## 第六章　法　律　责　任

**第四十八条**　经营者提供商品或者服务,违反消费者权益保护法和本条例有关规定,侵害消费者合法权益的,依法承担民事责任。

**第四十九条**　经营者提供商品或者服务有欺诈行为的,消费者有权根据消费者权益保护法第五十五条第一款的规定要求经营者予以赔偿。但是,商品或者服务的标签标识、说明书、宣传材料等存在不影响商品或者服务质量且不会对消费者造成误导的瑕疵的除外。

通过夹带、掉包、造假、篡改商品生产日期、捏造事实等方式骗取经营者的赔偿或者对经营者进行敲诈勒索的,不适用消费者权益保护法第五十五条第一款的规定,依照《中华人民共和国治安管理处罚法》等有关法律、法规处理;构成犯罪的,依法追究刑事责任。

**第五十条** 经营者违反本条例第十条至第十四条、第十六条、第十七条、第十九条至第二十一条规定，其他有关法律、法规对处罚机关和处罚方式有规定的，依照法律、法规的规定执行；法律、法规未作规定的，由市场监督管理部门或者其他有关行政部门责令改正，可以根据情节单处或者并处警告、没收违法所得、处以违法所得1倍以上5倍以下的罚款，没有违法所得的，处以30万元以下的罚款；情节严重的，责令停业整顿、吊销营业执照。

经营者违反本条例第二十二条规定的，由有关行政部门责令改正，可以根据情节单处或者并处警告、没收违法所得、处以违法所得1倍以上10倍以下的罚款，没有违法所得的，处以50万元以下的罚款；情节严重的，责令停业整顿、吊销营业执照。

经营者违反本条例其他规定的，依照消费者权益保护法第五十六条的规定予以处罚。

**第五十一条** 经营者主动消除或者减轻违法行为危害后果的，违法行为轻微并及时改正且没有造成危害后果的，或者初次违法且危害后果轻微并及时改正的，依照《中华人民共和国行政处罚法》的规定从轻、减轻或者不予处罚。

**第五十二条** 有关行政部门工作人员未按照本条例规定履行消费者权益保护职责，玩忽职守或者包庇经营者侵害消费者合法权益的行为的，依法给予处分；构成犯罪的，依法追究刑事责任。

## 第七章 附　　则

**第五十三条** 本条例自2024年7月1日起施行。

# 最高人民法院关于审理预付式消费民事纠纷案件适用法律若干问题的解释

（2024年11月18日最高人民法院审判委员会第1932次会议通过 2025年3月13日最高人民法院公告公布 自2025年5月1日起施行 法释〔2025〕4号）

为正确审理预付式消费民事纠纷案件，保护消费者和经营者权益，根据《中华人民共和国民法典》《中华人民共和国消费者权益保护法》《中华人民共和国民事诉讼法》等法律规定，结合审判实践，制定本解释。

第一条 在零售、住宿、餐饮、健身、出行、理发、美容、培训、养老、旅游等生活消费领域，经营者收取预付款后多次或者持续向消费者兑付商品或者提供服务产生的纠纷适用本解释。

第二条 不记名预付卡的持卡人起诉请求经营者承担民事责任的，人民法院应当依法受理。记名预付卡的实际持卡人与预付卡记载的持卡人不一致，但提供其系合法持卡人的初步证据，起诉请求经营者承担民事责任的，人民法院应当依法受理。

消费者提供其与经营者存在预付式消费合同关系的其他初步证据，起诉请求经营者承担民事责任的，人民法院应当依法受理。

第三条 监护人与经营者订立预付式消费合同，约定由经营者向被监护人兑付商品或者提供服务，监护人因预付式消费合同纠纷以被监护人名义起诉，请求经营者承担民事责任的，人民法院应当向监护人释明应以其本人名义起诉。

被监护人因接受商品或者服务权益受到损害，起诉请求经营者承担责任的，人民法院应当依法受理。

第四条 经营者允许他人使用其营业执照或者以其他方式允许他人使用其名义与消费者订立预付式消费合同,消费者请求经营者承担民事责任,经营者以其并非实际经营者为由提出抗辩的,人民法院对其抗辩不予支持。

第五条 同一品牌商业特许经营体系内企业标志或者注册商标使用权的特许人与消费者订立预付式消费合同,消费者因权益受到损害请求被特许人承担民事责任,存在下列情形之一的,人民法院应予支持:

(一)被特许人事先同意承担预付式消费合同义务;

(二)被特许人事后追认预付式消费合同;

(三)特许经营合同约定消费者可以直接请求被特许人向其履行债务;

(四)被特许人的行为使消费者有理由相信其受预付式消费合同约束。

消费者与被特许人订立预付式消费合同后,因权益受到损害请求特许人承担民事责任的,参照适用前款规定。

不存在前两款规定情形,但特许人对消费者损失产生或者扩大有过错,消费者请求特许人根据其过错承担民事责任的,人民法院应予支持。

**第六条** 商场场地出租者未要求租赁商场场地的经营者提供经营资质证明、营业执照,致使不具有资质的经营者租赁其场地收取消费者预付款并造成消费者损失,消费者请求场地出租者根据其过错承担民事责任的,人民法院应予支持。

场地出租者承担赔偿责任后,向租赁商场场地的经营者追偿的,人民法院应予支持。

**第七条** 经营者收取预付款后因经营困难不能按照合同约定兑付商品或者提供服务的,应当及时依法清算。经营者依法应当清算但未及时进行清算,造成消费者损失,消费者请求经营者的清算义务人依法承担民事责任的,人民法院应予支持。

**第八条** 经营者未与消费者就商品或者服务的

质量、价款、履行期限、履行地点和履行方式等内容订立书面合同或者虽订立书面合同但对合同内容约定不明，依照民法典第五百一十条、第五百一十一条等规定对合同内容可以作出两种以上解释，消费者主张就合同内容作出对其有利的解释的，人民法院应予支持。

**第九条** 消费者依照消费者权益保护法第二十六条、民法典第四百九十七条等法律规定，主张经营者提供的下列格式条款无效的，人民法院应予支持：

（一）排除消费者依法解除合同或者请求返还预付款的权利；

（二）不合理地限制消费者转让预付式消费合同债权；

（三）约定消费者遗失记名预付卡后不补办；

（四）约定经营者有权单方变更兑付商品或者提供服务的价款、种类、质量、数量等合同实质性内容；

（五）免除经营者对所兑付商品或者提供服务的瑕疵担保责任或者造成消费者损失的赔偿责任；

（六）约定的解决争议方法不合理增加消费者维权成本；

（七）存在其他排除或者限制消费者权利、减轻或者免除经营者责任、加重消费者责任等对消费者不公平、不合理情形。

**第十条** 无民事行为能力人与经营者订立预付式消费合同，向经营者支付预付款，法定代理人请求确认合同无效、经营者返还预付款的，人民法院应予支持。

限制民事行为能力人与经营者订立预付式消费合同，向经营者支付预付款，法定代理人请求确认合同无效、经营者返还预付款的，人民法院应予支持，但该合同经法定代理人同意、追认或者预付款金额等合同内容与限制民事行为能力人的年龄、智力相适应的除外。

经营者主张从预付款中抵扣已经兑付商品或者提供服务价款的，人民法院依法予以支持，但经营者违反法律规定向未成年人提供网络付费游戏等服务的除外。

**第十一条** 消费者转让预付式消费合同债权的,自债权转让通知到达经营者时对经营者发生法律效力。债权转让对经营者发生效力后,受让人请求经营者依据预付式消费合同约定兑付商品或者提供服务的,人民法院依法予以支持。受让人请求经营者提供预付卡更名、修改密码等服务的,人民法院依法予以支持。

预付式消费合同约定经营者在履行期限内向消费者提供不限次数服务,消费者违反诚实信用原则,以债权转让的名义让多名消费者行使本应由一名消费者行使的权利、损害经营者利益,经营者主张债权转让行为对其不发生效力的,人民法院应予支持。

**第十二条** 经营者与消费者订立预付式消费合同后,未经消费者同意,单方提高商品或者服务的价格、降低商品或者服务的质量,消费者请求经营者按合同约定履行义务并承担相应违约责任的,人民法院应予支持。

第十三条　消费者请求解除预付式消费合同，经营者存在下列情形之一的，人民法院应予支持：

（一）变更经营场所给消费者接受商品或者服务造成明显不便；

（二）未经消费者同意将预付式消费合同义务转移给第三人；

（三）承诺在合同约定期限内提供不限次数服务却不能正常提供；

（四）法律规定或者合同约定消费者享有解除合同权利的其他情形。

预付式消费合同成立后，消费者身体健康等合同的基础条件发生了当事人在订立合同时无法预见、不属于商业风险的重大变化，继续履行合同对于消费者明显不公平的，消费者可以与经营者重新协商；在合理期限内协商不成，消费者请求人民法院变更或者解除预付式消费合同的，人民法院应予支持。

第十四条　消费者自付款之日起七日内请求经营者返还预付款本金的，人民法院应予支持，但存在下列情形之一的除外：

（一）消费者订立预付式消费合同时已经从经营者处获得过相同商品或者服务；

（二）消费者订立预付式消费合同时已经从其他经营者处获得过相同商品或者服务。

当事人就消费者无理由退款作出对消费者更有利的约定的，按照约定处理。

第十五条　预付式消费合同解除、无效、被撤销或者确定不发生效力，消费者请求经营者返还剩余预付款并支付利息的，人民法院应予支持。返还预付款本金应为预付款扣减已兑付商品或者提供服务的价款后的余额。

预付式消费合同解除、无效、被撤销或者确定不发生效力，当事人依照民法典第一百五十七条、第五百六十六条等规定请求赔偿其支付的合理费用等损失的，人民法院应予支持，但当事人因不可抗力或者情势变更解除合同的除外。

经营者支付给员工等人员的预付款提成不属于

前款规定的合理费用。

**第十六条** 当事人对返还预付款利息计付标准有约定的,按照约定处理。没有约定或者约定不明,因经营者原因返还预付款的,按照预付式消费合同成立时一年期贷款市场报价利率计算利息;因消费者原因返还预付款的,按照预付式消费合同成立时中国人民银行公布的一年定期存款基准利率计算利息。

经营者依照行政主管部门要求已将预付款转入监管账户,消费者请求按被监管资金的实际利率计算应返还的被监管部分预付款利息的,人民法院应予支持。

**第十七条** 预付式消费合同解除、无效、被撤销或者确定不发生效力,消费者请求返还预付款的,自合同解除、被确认无效、被撤销或者确定不发生效力时起计算利息。

当事人就返还预付款利息起算时间作出对消费者更有利的约定或者法律另有规定的,按照当事人约定或者法律规定处理。

第十八条 非因消费者原因返还预付款的，人民法院按下列方式计算已兑付商品或者提供服务的价款：

（一）经营者向消费者提供折扣商品或者服务的，按折扣价计算已兑付商品或者提供服务的价款；

（二）经营者向消费者赠送消费金额的，根据消费者实付金额与实付金额加赠送金额之比计算优惠比例，按优惠比例计算已兑付商品或者提供服务的价款。

当事人就已兑付商品或者提供服务折价作出对消费者更有利的约定的，按照约定处理。

第十九条 因消费者原因返还预付款，经营者向消费者提供折扣商品、服务或者向消费者赠送消费金额的，人民法院应当按商品或者服务打折前的价格计算已兑付商品或者提供服务的价款。

消费者主张打折前的价格明显不合理，经营者不能提供打折前价格交易记录的，人民法院可以按照订立合同时履行地同类商品或者服务的市场价格计算已兑付商品或者提供服务的价款。

当事人就已兑付商品或者提供服务折价作出对消费者更有利的约定的，按照约定处理。

**第二十条** 按折扣价或者优惠比例计算已兑付商品或者提供服务的价款未超出消费者预付款，但按打折前的价格计算已兑付商品或者提供服务的价款超出消费者预付款，经营者请求消费者支付按打折前的价格计算超出预付款部分价款的，人民法院不予支持。

**第二十一条** 经营者向消费者赠送商品或者服务，消费者在预付式消费合同解除、无效、被撤销、确定不发生效力后请求返还剩余预付款，经营者主张消费者返还或者折价补偿已经赠送的商品或者服务的，人民法院应当综合考虑已经赠送的商品或者服务的价值、预付式消费合同标的金额、合同履行情况、退款原因等因素，依照诚实信用原则对是否支持经营者主张作出认定。

第二十二条　预付式消费合同约定经营者在履行期限内向消费者提供不限次数服务，消费者请求按合同解除后的剩余履行期限与全部履行期限的比例计算应予返还的预付款的，人民法院应予支持。

经营者在预付式消费合同解除前已经停止提供商品或者服务，消费者请求按经营者停止提供商品或者服务后的剩余履行期限与全部履行期限的比例计算应予返还的预付款的，人民法院应予支持。

消费者因自身原因未在合同约定履行期限内要求经营者提供服务，请求返还预付款的，人民法院不予支持。

第二十三条　经营者收取预付款后终止营业，既不按照约定兑付商品或者提供服务又恶意逃避消费者申请退款，消费者请求经营者承担惩罚性赔偿责任的，人民法院依法予以支持。

经营者行为涉嫌刑事犯罪的，人民法院应当将犯罪线索移送公安机关。

第二十四条　消费者请求经营者对尚有资金余

额的预付卡提供激活、换卡等服务的，人民法院应予支持。

消费者请求经营者对尚有资金余额的记名预付卡提供挂失和补办服务的，人民法院应予支持。

第二十五条　经营者控制合同文本或者记录消费内容、消费次数、消费金额、预付款余额等信息的证据，无正当理由拒不提交，消费者主张该证据的内容不利于经营者的，人民法院可以根据消费者的主张认定争议事实。

第二十六条　本解释所称预付卡为单用途商业预付卡，包括以磁条卡、芯片卡、纸券等为载体的实体卡和以密码、串码、图形、生物特征信息等为载体的虚拟卡。

因多用途预付卡产生的纠纷不适用本解释。

第二十七条　本解释自2025年5月1日起施行。

# 最高人民法院关于审理网络消费纠纷案件适用法律若干问题的规定(一)

(2022年2月15日最高人民法院审判委员会第1864次会议通过 2022年3月1日最高人民法院公告公布 自2022年3月15日起施行 法释〔2022〕8号)

为正确审理网络消费纠纷案件,依法保护消费者合法权益,促进网络经济健康持续发展,根据《中华人民共和国民法典》《中华人民共和国消费者权益保护法》《中华人民共和国电子商务法》《中华人民共和国民事诉讼法》等法律规定,结合审判实践,制定本规定。

第一条　电子商务经营者提供的格式条款有以下内容的，人民法院应当依法认定无效：

（一）收货人签收商品即视为认可商品质量符合约定；

（二）电子商务平台经营者依法应承担的责任一概由平台内经营者承担；

（三）电子商务经营者享有单方解释权或者最终解释权；

（四）排除或者限制消费者依法投诉、举报、请求调解、申请仲裁、提起诉讼的权利；

（五）其他排除或者限制消费者权利、减轻或者免除电子商务经营者责任、加重消费者责任等对消费者不公平、不合理的内容。

第二条　电子商务经营者就消费者权益保护法第二十五条第一款规定的四项除外商品做出七日内无理由退货承诺，消费者主张电子商务经营者应当遵守其承诺的，人民法院应予支持。

第三条　消费者因检查商品的必要对商品进行

拆封查验且不影响商品完好，电子商务经营者以商品已拆封为由主张不适用消费者权益保护法第二十五条规定的无理由退货制度的，人民法院不予支持，但法律另有规定的除外。

第四条　电子商务平台经营者以标记自营业务方式或者虽未标记自营但实际开展自营业务所销售的商品或者提供的服务损害消费者合法权益，消费者主张电子商务平台经营者承担商品销售者或者服务提供者责任的，人民法院应予支持。

电子商务平台经营者虽非实际开展自营业务，但其所作标识等足以误导消费者使消费者相信系电子商务平台经营者自营，消费者主张电子商务平台经营者承担商品销售者或者服务提供者责任的，人民法院应予支持。

第五条　平台内经营者出售商品或者提供服务过程中，其工作人员引导消费者通过交易平台提供的支付方式以外的方式进行支付，消费者主张平台内经营者承担商品销售者或者服务提供者责任，平台内经营者以未经过交易平台支付为由抗辩的，人民法院不予支持。

第六条　注册网络经营账号开设网络店铺的平台内经营者，通过协议等方式将网络账号及店铺转让给其他经营者，但未依法进行相关经营主体信息变更公示，实际经营者的经营活动给消费者造成损害，消费者主张注册经营者、实际经营者承担赔偿责任的，人民法院应予支持。

第七条　消费者在二手商品网络交易平台购买商品受到损害，人民法院综合销售者出售商品的性质、来源、数量、价格、频率、是否有其他销售渠道、收入等情况，能够认定销售者系从事商业经营活动，消费者主张销售者依据消费者权益保护法承担经营者责任的，人民法院应予支持。

第八条　电子商务经营者在促销活动中提供的奖品、赠品或者消费者换购的商品给消费者造成损害，消费者主张电子商务经营者承担赔偿责任，电子商务经营者以奖品、赠品属于免费提供或者商品属于换购为由主张免责的,人民法院不予支持。

**第九条** 电子商务经营者与他人签订的以虚构交易、虚构点击量、编造用户评价等方式进行虚假宣传的合同,人民法院应当依法认定无效。

**第十条** 平台内经营者销售商品或者提供服务损害消费者合法权益,其向消费者承诺的赔偿标准高于相关法定赔偿标准,消费者主张平台内经营者按照承诺赔偿的,人民法院应依法予以支持。

**第十一条** 平台内经营者开设网络直播间销售商品,其工作人员在网络直播中因虚假宣传等给消费者造成损害,消费者主张平台内经营者承担赔偿责任的,人民法院应予支持。

**第十二条** 消费者因在网络直播间点击购买商品合法权益受到损害,直播间运营者不能证明已经以足以使消费者辨别的方式标明其并非销售者并标明实际销售者的,消费者主张直播间运营者承担商品销售者责任的,人民法院应予支持。

直播间运营者能够证明已经尽到前款所列标明

义务的，人民法院应当综合交易外观、直播间运营者与经营者的约定、与经营者的合作模式、交易过程以及消费者认知等因素予以认定。

第十三条　网络直播营销平台经营者通过网络直播方式开展自营业务销售商品，消费者主张其承担商品销售者责任的，人民法院应予支持。

第十四条　网络直播间销售商品损害消费者合法权益，网络直播营销平台经营者不能提供直播间运营者的真实姓名、名称、地址和有效联系方式的，消费者依据消费者权益保护法第四十四条规定向网络直播营销平台经营者请求赔偿的，人民法院应予支持。网络直播营销平台经营者承担责任后，向直播间运营者追偿的，人民法院应予支持。

第十五条　网络直播营销平台经营者对依法需取得食品经营许可的网络直播间的食品经营资质未尽到法定审核义务，使消费者的合法权益受到损害，消费者依据食品安全法第一百三十一条等规定主张网络直播营销平台经营者与直播间运营者承担连带责任的，人民法院应予支持。

第十六条　网络直播营销平台经营者知道或者应当知道网络直播间销售的商品不符合保障人身、财产安全的要求，或者有其他侵害消费者合法权益行为，未采取必要措施，消费者依据电子商务法第三十八条等规定主张网络直播营销平台经营者与直播间运营者承担连带责任的，人民法院应予支持。

第十七条　直播间运营者知道或者应当知道经营者提供的商品不符合保障人身、财产安全的要求，或者有其他侵害消费者合法权益行为，仍为其推广，给消费者造成损害，消费者依据民法典第一千一百六十八条等规定主张直播间运营者与提供该商品的经营者承担连带责任的，人民法院应予支持。

第十八条　网络餐饮服务平台经营者违反食品安全法第六十二条和第一百三十一条规定，未对入网餐饮服务提供者进行实名登记、审查许可证，或者未履行报告、停止提供网络交易平台服务等义务，使消费者的合法权益受到损害，消费者主张网络餐饮服务平台经营者与入网餐饮服务提供者承担连带责任的，人民法院应予支持。

**第十九条** 入网餐饮服务提供者所经营食品损害消费者合法权益，消费者主张入网餐饮服务提供者承担经营者责任，入网餐饮服务提供者以订单系委托他人加工制作为由抗辩的，人民法院不予支持。

**第二十条** 本规定自 2022 年 3 月 15 日起施行。

# 附 录

# 典型案例[*]

## 1. 黄某诉重庆某公司教育培训合同纠纷案
——培训机构单方改变培训地点给消费者造成明显不便的，消费者有权解除合同

【基本案情】

2020年4月3日，黄某与重庆某公司签订培训合同约定，黄某自2020年4月19日至2021年4月18日在重庆某公司处接受舞蹈培训，培训费3000元。当天，黄某即向重庆某公司交纳全部培训费。合同签订后，黄某在重庆某公司开设于重庆市两江新区金开大道的培训场所接受培训至2020年6月21日。2020年6月22日，重庆某公司向接受培训的消费者发出《消费者告知函》称，位于重庆市两江

---

[*] 本部分案例来源于《涉预付式消费典型案例》，载最高人民法院网站，https://www.court.gov.cn/zixun/xiangqing/459331.html，最后访问时间：2025年5月14日。

新区金开大道的培训场所停止教学,消费者应于2020年6月30日前选择新的培训地点。因消费者个人原因不到场培训的,重庆某公司不承担任何责任,消费者不得以此为由变更或解除合同、要求赔偿。黄某认为其决定选择该培训机构的主要因素是接受培训的便利程度,原培训地点紧挨其住所,更换后的三个培训地点离黄某居住地很远,导致其签订合同的目的无法实现,遂起诉请求解除合同并由重庆某公司退还培训费用。

**【裁判结果】**

审理法院认为,《中华人民共和国消费者权益保护法》第五十三条规定:"经营者以预收款方式提供商品或者服务的,应当按照约定提供。未按照约定提供的,应当按照消费者的要求履行约定或者退回预付款;并应当承担预付款的利息、消费者必须支付的合理费用。"黄某与重庆某公司签订的培训合同合法有效,当事人应按约定履行义务。重庆某公司单方更换的培训地点离黄某的住所都很远,使黄某获得培训服务的时间和交通成本明显增加,导致黄某就近接受舞蹈培训的合同目的不能实现。黄某要求解除合同,应予支持。故判决重庆某公司返还黄某培训费2473.97元。

**【典型意义】**

预付式消费已成为培训领域消费者广泛采用的消费方式。培训地点的远近和交通便捷性对消费者决定是否订立预付式消费合同有重要影响。经营者变更培训地点对消费者影响较小的，一般不会产生争议。但是，如果培训地点的变更给消费者接受培训造成明显不便，显著增加消费者在途时间和交通成本，导致消费者在工作、生活之余就近接受培训服务的合同目的不能实现的，消费者有权请求解除合同。

## 2. 白某诉李某服务合同纠纷案
——计时型预付式消费合同因经营者停业解除的，应按实际未履行期限认定退款金额

【基本案情】

李某系个体工商户"某宝宝儿童乐园"游乐场的经营者。2021年10月25日，白某通过微信转账的方式向李某支付800元，用于办理上述游乐场的年卡会员。双方口头约定，年卡会员有效期为2021年10月25日至2022年10月25日，在此期间白某可不限次数地进入游乐场享受娱乐服务。2022年2月1日，该游乐场停业。白某遂起诉请求解除与李某口头订立的服务合同，由李某返还剩余的预付服务费用。

【裁判结果】

审理法院认为，《中华人民共和国消费者权益保护法》

第五十三条规定:"经营者以预收款方式提供商品或者服务的,应当按照约定提供。未按照约定提供的,应当按照消费者的要求履行约定或者退回预付款;并应当承担预付款的利息、消费者必须支付的合理费用。"李某在与白某订立服务合同、收取预付款后停业,白某无法再获得服务,有权解除合同并请求李某返还剩余履行期限对应的预付款。白某系通过诉讼方式解除合同,停止服务与合同解除之间存在较长时间间隔,应当自游乐场停业时起计算剩余履行期限,并按剩余期限与全部履行期限的比例计算应返还的预付款。故判决李某向白某返还预付款599元。

【典型意义】

预付式消费合同可分为计时型合同和计次型合同。计时型合同应当依据合同剩余履行期限计算应返还的预付款金额。合同的剩余履行期限一般应自合同解除时起算,但是经营者停业引发纠纷的,自经营者停业时起至合同解除这段时间,消费者无法获得服务,该期间亦应计入合同剩余履行期限。审理法院以经营者停业后未实际履行的剩余履行期限作为计算应退预付款的依据,对于保护消费者权益、敦促商家诚信履约具有积极意义。

## 3. 张某诉某健身公司服务合同纠纷案
——经营者违约导致预付式消费合同解除的,应按合同约定的优惠方案计算已提供服务的价款

**【基本案情】**

2023年7月2日,张某因个人健身需要与某健身公司签订《健身入会申请表》,约定张某在某健身公司处办理会员卡,业务类型为次卡50次,起始日期2023年7月3日,截止日期2024年7月2日,入会费2000元,同时备注"赠送10次,不退不换"。当日,张某向某健身公司支付全部费用。2023年8月,某健身公司终止提供服务。张某在该健身公司消费12次,尚有48次未使用,遂起诉请求某健身公司返还剩余健身服务费1600元。

**【裁判结果】**

审理法院认为,《中华人民共和国消费者权益保护法》第五十三条规定:"经营者以预收款方式提供商品或者服务的,应当按照约定提供。未按照约定提供的,应当按照消费者的要求履行约定或者退回预付款;并应当承担预付款的利息、消费者必须支付的合理费用。"张某办理会员卡后,某健身公司在合同履行期内终止服务,应当向张某返还服务费。双方约定某健身公司提供50次健身服务,另赠

送10次服务。在正常履约情况下，消费者能够享受60次服务，应将60次服务而非50次服务作为2000元入会费的合理对价。在经营者违约解除合同的情况下，对消费者的保护不应低于合同正常履行情况下所能获得的利益，审理法院遂判决某健身公司退还张某会员卡剩余费用1600元[2000元×（48/60）]。

**【典型意义】**

预付式消费中，经营者向消费者赠送服务的情况较为常见。在合同正常履行的情况下，消费者既能享受购买服务又能享受赠送服务。经营者违约导致预付式消费合同解除的，消费者有权请求经营者退还剩余预付款。在计算已提供服务的价款时，如果不考虑合同约定的优惠方案，将经营者赠送服务排除于经营者义务之外，将导致多计算已提供服务的价款，应返还消费者的剩余预付款减少，经营者违约可能获得比合同正常履行情况下更大的利益，既缺乏法律依据也不符合公平原则。因此，在经营者违约导致合同解除的情况下，应当保护消费者的履行利益，按合同约定的优惠方案计算已提供服务的价款，充分保护消费者权益，引导经营者信守合同、诚信经营。

## 4. 杨某诉某健康管理公司服务合同纠纷案
——经营者不提供证据证明其提供服务的数量和价款的，人民法院可根据消费者主张结合案情作出认定

**【基本案情】**

杨某自2013年起在某美疗馆接受美容美体、养生按摩等服务，共支付预付服务费1016124.6元，双方未签订书面合同。2020年底，某美疗馆更名为某健康管理公司。公司更名后，要求杨某再交纳5000元服务费才能继续享受服务，且原有的很多服务项目不再提供。杨某称，某美疗馆的项目总是更新，上一次充的钱还没花完又得买新项目，钱越存越多，项目越做越乱，不接受某健康管理公司提出的处理方案，要求退还剩余款项。该公司表示杨某预付款仅剩一万余元。因双方就杨某预付款余额、剩余服务项目次数等均不能达成一致，杨某遂起诉请求某健康管理公司退还服务费547794元。

**【裁判结果】**

审理法院认为，杨某与某健康管理公司存在服务合同关系。杨某提供的银行卡对账单、部分充值档案照片和销售凭证证明其支付的预付服务费为1016124.6元。某健

管理公司作为服务提供方，应就其向杨某提供服务的内容、次数、金额承担举证责任，但是其作为客户档案和交易资料的持有方，在法院释明举证责任后仍未提供完整的客户充值记录和消费记录。审理法院综合考虑杨某的诉讼请求和本案实际情况，根据杨某预付服务费的总金额、部分客户消费记录记载的合同履行频次、部分充值档案照片载明的服务项目单价，酌情确定某健康管理公司退还杨某服务费50万元。

【典型意义】

预付式消费中，合同文本以及记载消费金额、次数、预付款余额等信息的证据，多由经营者掌握。消费者经常面临"举证难"的维权困境。如果经营者掌握相关证据，拒不向人民法院提交，人民法院可根据消费者的主张、综合全案证据认定剩余预付款金额等事实。本案中，某健康管理公司存在不与消费者签订书面合同、用其他公司POS机代收款、收费核销账目混乱等不规范经营行为，拒不提供完整的记载消费金额、次数、预付款余额等信息的证据，引发预付款退费难问题，影响案件事实查明。在此情况下，审理法院根据消费者的诉讼请求，结合全案证据对应返还的预付款金额作出认定，有利于引导经营者诚信、规范经营，为消费者安心消费提供司法保障。

## 5. 王某诉薛某清算责任纠纷案
——"职业闭店人"以虚假材料注销公司的，
应依法向消费者承担民事责任

**【基本案情】**

王某系某公司名下瑜伽店充值会员，该店闭店时其仍有8260元未消费。刘某为某公司法定代表人及唯一股东。薛某多次在朋友圈发送"高价收购经营不善店铺会员""帮助消耗负债""死客激活"等信息，自称提供前述中介服务，收取服务费用。2023年9月13日，刘某将某公司股权全部转让给薛某。次日，薛某变更登记为该公司法定代表人及唯一股东。2023年9月28日，薛某申请注销某公司。注销材料显示债权债务已清理完毕，但案涉瑜伽店会员大约有200人，还有40万元左右的预付款未消费。薛某称已将会员转给另外一家美发店，王某不同意去美发店消费，遂起诉请求薛某返还剩余预付款8260元。

**【裁判结果】**

审理法院认为，薛某通过"闭店"牟利，其作为公司唯一股东，在明知有大量会员债权未进行清算的情况下，仍作出债权债务已清理完毕的《清算报告》，并向市场监管部门申请注销公司，属于未经依法清算，以虚假清算报告骗取公司登记机关办理法人注销登记的行为。该行为导致王某无法在合法的清算程序中申报债权，使其债权无法受偿，王某有权主张薛某对公司债务承担相应民事责任。故判决薛某退还王某未消费金额8260元。

**【典型意义】**

近年来，预付式消费领域频现"跑路"逃债现象。有人以帮助"闭店"为业，恶意帮助经营者逃避债务，从中牟利。公司股东滥用公司法人独立地位和股东有限责任，逃避债务，严重损害消费者等公司债权人利益的，或者一人公司股东不能证明公司财产独立于股东自己的财产的，应当对公司债务承担连带责任。"职业闭店人"与公司股东恶意串通，帮助公司股东逃避债务，损害消费者等债权人权益的，应当与公司股东共同向消费者等债权人承担责任。消费者有权选择向公司原股东或者帮助逃债的"职业闭店人""背债人"主张权利。本案中，消费者自愿选择起诉有偿债能力的薛某承担返还预付款责任，薛某已根据人民法院生效判决向王某还款8260元。经营者与"职业闭店人"恶意串通逃避债务，不仅不能达到逃债的效果，反而让"职业闭店人"也成为责任主体。本案对"职业闭店人"帮助经营者逃避债务的行为给予法律上的否定性评价，有利于提振消费者消费信心、规范公司经营行为，营造诚实守信的法治化营商环境。

## 6. 郑某顺等诈骗案

——"职业闭店人"以欺诈为目的诱使消费者充值构成犯罪的，应依法追究刑事责任

**【基本案情】**

被告人郑某顺在各地物色意欲转让且未被认定实施过诈骗犯罪的店铺，先与店主签订转让协议、支付部分转让费用、变更注册登记，再由被告人颜某玉、郝某玮带领团队人员进驻被收购的店铺，由崔某鑫、王某、曹某月等作为店铺业务人员电话联系原店铺会员，介绍周年庆充值赢大奖活动，才某钧担任小组长帮助业务员与客户商谈充值业务，邢某娇负责实际操控积分排名系统，门某鹏负责前期门店对接、采购办公用品、发放员工工资。各被告人组成分工明确、协作配合的专业化、职业化"闭店"团队。

2023年2月，被告人郑某顺伙同被告人颜某玉为诱骗消费者进行预付款充值实施诈骗，接手宁波市海曙区一摄影店，并在摄影店不具备经营条件的情况下，以门店开展周年庆活动回馈客户为名，虚假承诺待活动结束后会将充值款返还，诱使被害人进行现金充值，后又召集被害人举办颁奖仪式，以现场充值刷排名诱导被害人再次充值。活动结束后，被告人郑某顺、颜某玉、郝某玮、才某钧、邢

某娇、门某鹏等关店失联，共骗取被害人孙某、杨某、王某雯等人人民币 146 万余元。

【裁判结果】

审理法院认为，被告人郑某顺、颜某玉、郝某玮、门某鹏、才某钧、邢某娇、崔某鑫、王某、曹某月等人以非法占有为目的，结伙采用虚构事实、隐瞒真相的手段骗取他人钱财，数额特别巨大，其行为均已构成诈骗罪，且系共同犯罪，对各被告人以诈骗罪判处有期徒刑，并处罚金。

【典型意义】

"职业闭店"在实践中主要表现为两种形式：一是出谋划策，通过安排"背债人"等方式帮助经营者逃债，并通过收取经营者支付的报酬获利；二是直接参与经营，利用店铺原有的客户资源，以抽奖、充值返现等噱头诱骗消费者继续充值，收到预付款后闭店，"卷款跑路"，后者通常涉嫌诈骗罪等刑事犯罪。本案属于后一种类型。犯罪分子自称此类犯罪行为为"充值案"。人民法院对此类"职业闭店人"依法判处刑罚，有力惩治犯罪，震慑犯罪分子。同时审理法院将该案涉及的问题向市场监管部门反映，由相关部门对当地预付式消费市场加强监管，从源头上防范化解风险，净化市场环境，提振消费信心，为消费者安心消费、经营者公平竞争营造良好法治化营商环境。

图书在版编目（CIP）数据

中华人民共和国消费者权益保护法　中华人民共和国消费者权益保护法实施条例　最高人民法院关于审理预付式消费民事纠纷案件适用法律若干问题的解释　最高人民法院关于审理网络消费纠纷案件适用法律若干问题的规定（一）：大字本／中国法治出版社编. -- 北京：中国法治出版社，2025.5. -- ISBN 978-7-5216-5256-7

Ⅰ.D922.294

中国国家版本馆 CIP 数据核字第 20251B67C4 号

**中华人民共和国消费者权益保护法　中华人民共和国消费者权益保护法实施条例　最高人民法院关于审理预付式消费民事纠纷案件适用法律若干问题的解释　最高人民法院关于审理网络消费纠纷案件适用法律若干问题的规定（一）：大字本**
ZHONGHUA RENMIN GONGHEGUO XIAOFEIZHE QUANYI BAOHUFA　ZHONGHUA RENMIN GONGHEGUO XIAOFEIZHE QUANYI BAOHUFA SHISHI TIAOLI　ZUIGAO RENMIN FAYUAN GUANYU SHENLI YUFUSHI XIAOFEI MINSHI JIUFEN ANJIAN SHIYONG FALÜ RUOGAN WENTI DE JIESHI　ZUIGAO RENMIN FAYUAN GUANYU SHENLI WANGLUO XIAOFEI JIUFEN ANJIAN SHIYONG FALÜ RUOGAN WENTI DE GUIDING（YI）：DAZIBEN

经销／新华书店
印刷／鸿博睿特（天津）印刷科技有限公司
开本／880 毫米×1230 毫米　32 开　　　印张／2.75　字数／32 千
版次／2025 年 5 月第 1 版　　　　　　　2025 年 5 月第 1 次印刷

中国法治出版社出版
书号 ISBN 978-7-5216-5256-7　　　　　　定价：10.00 元

北京市西城区西便门西里甲 16 号西便门办公区
邮政编码：100053　　　　　　　　　　　传真：010-63141600
网址：http：//www.zgfzs.com　　　　　　编辑部电话：010-63141799
市场营销部电话：010-63141612　　　　　印务部电话：010-63141606

（如有印装质量问题，请与本社印务部联系。）